MIS RECETAS

MI LIBRO DE RECETAS

NOMBRE DE LA RECETA

PÁGINA

NOMBRE DE LA RECETA

PÁGINA

NOMBRE DE LA RECETA · PÁGINA

NOMBRE DE LA RECETA

PÁGINA

NOMBRE DE LA RECETA

◯ APERITIVO ◯ PLATO PRINCIPAL ◯ POSTRE ◯ _____ ◯ _____ ◯ _____

PORCIONES

TIEMPO DE PREPARACIÓN

TIEMPO DE COCCIÓN

PREPARACIÓN

INGREDIENTES

NOTAS

NOMBRE DE LA RECETA

○ APERITIVO ○ PLATO PRINCIPAL ○ POSTRE   ○ _____   ○ _____   ○ _____

PORCIONES

TIEMPO DE
PREPARACIÓN

TIEMPO DE COCCIÓN

PREPARACIÓN

INGREDIENTES

NOTAS

_____

_____

_____

_____

_____

_____

_____

_____

_____

_____

NOMBRE DE LA RECETA

○ APERITIVO ○ PLATO PRINCIPAL ○ POSTRE   ○ _____   ○ _____   ○ _____

PORCIONES   TIEMPO DE
                   PREPARACIÓN   TIEMPO DE COCCIÓN

PREPARACIÓN

INGREDIENTES

_____
_____
_____
_____
_____
_____
_____
_____
_____
_____
_____
_____
_____
_____
_____
_____
_____
_____
_____
_____
_____
_____
_____
_____

NOTAS

_____

NOMBRE DE LA RECETA

○ APERITIVO ○ PLATO PRINCIPAL ○ POSTRE   ○ _____ ○ _____   ○ _____

_____ **PORCIONES**   _____ **TIEMPO DE PREPARACIÓN**   _____ **TIEMPO DE COCCIÓN**

PREPARACIÓN

| | INGREDIENTES |

_____
_____
_____
_____
_____
_____
_____
_____
_____
_____
_____
_____
_____
_____
_____
_____
_____
_____
_____
_____
_____
_____
_____
_____
_____

NOTAS

NOMBRE DE LA RECETA

○ APERITIVO ○ PLATO PRINCIPAL ○ POSTRE ○ _____ ○ _____ ○ _____

PORCIONES

TIEMPO DE PREPARACIÓN

TIEMPO DE COCCIÓN

PREPARACIÓN

INGREDIENTES

NOTAS

NOMBRE DE LA RECETA

○ APERITIVO ○ PLATO PRINCIPAL ○ POSTRE ○ _____ ○ _____ ○ _____

PORCIONES

TIEMPO DE PREPARACIÓN

TIEMPO DE COCCIÓN

PREPARACIÓN

INGREDIENTES

NOTAS

_____
_____
_____
_____
_____
_____
_____
_____
_____

_____

NOMBRE DE LA RECETA

○ APERITIVO ○ PLATO PRINCIPAL ○ POSTRE ○ _____ ○ _____ ○ _____

PORCIONES   TIEMPO DE   TIEMPO DE COCCIÓN
                         PREPARACIÓN

PREPARACIÓN

INGREDIENTES

NOTAS

_____

NOMBRE DE LA RECETA

○ APERITIVO ○ PLATO PRINCIPAL ○ POSTRE   ○ _____   ○ _____   ○ _____

PORCIONES   TIEMPO DE
                             PREPARACIÓN   TIEMPO DE COCCIÓN

PREPARACIÓN

INGREDIENTES

NOTAS

_____

NOMBRE DE LA RECETA

○ APERITIVO ○ PLATO PRINCIPAL ○ POSTRE   ○ _____ ○ _____ ○ _____

PORCIONES

TIEMPO DE PREPARACIÓN

TIEMPO DE COCCIÓN

PREPARACIÓN

INGREDIENTES

NOTAS

_____
NOMBRE DE LA RECETA

○ APERITIVO ○ PLATO PRINCIPAL ○ POSTRE ○ _____ ○ _____ ○ _____

_____ PORCIONES   _____ TIEMPO DE PREPARACIÓN   _____ TIEMPO DE COCCIÓN

PREPARACIÓN

_____
_____
_____
_____
_____
_____
_____
_____
_____
_____
_____
_____
_____
_____
_____
_____
_____
_____
_____
_____
_____
_____

INGREDIENTES

_____ _____
_____ _____
_____ _____
_____ _____
_____ _____
_____ _____
_____ _____
_____ _____
_____ _____
_____ _____
_____ _____
_____ _____
_____ _____
_____ _____
_____ _____
_____ _____
_____ _____
_____ _____
_____ _____

NOTAS

NOMBRE DE LA RECETA

○ APERITIVO ○ PLATO PRINCIPAL ○ POSTRE   ○ _____   ○ _____   ○ _____

PORCIONES

TIEMPO DE PREPARACIÓN

TIEMPO DE COCCIÓN

PREPARACIÓN

INGREDIENTES

NOTAS

NOMBRE DE LA RECETA

○ APERITIVO ○ PLATO PRINCIPAL ○ POSTRE   ○ _____ ○ _____ ○ _____

PORCIONES   **TIEMPO DE PREPARACIÓN**   **TIEMPO DE COCCIÓN**

PREPARACIÓN

INGREDIENTES

NOTAS

_____

_____

_____

_____

_____

_____

_____

_____

_____

NOMBRE DE LA RECETA

○ APERITIVO ○ PLATO PRINCIPAL ○ POSTRE   ○ _____ ○ _____ ○ _____

PORCIONES

TIEMPO DE
PREPARACIÓN

TIEMPO DE COCCIÓN

PREPARACIÓN

_____

_____

_____

_____

_____

_____

_____

_____

_____

_____

_____

_____

_____

_____

_____

_____

_____

_____

_____

_____

_____

_____

_____

_____

INGREDIENTES

____ _____

____ _____

____ _____

____ _____

____ _____

____ _____

____ _____

____ _____

____ _____

____ _____

____ _____

____ _____

____ _____

____ _____

____ _____

____ _____

____ _____

____ _____

____ _____

____ _____

NOTAS

_____
NOMBRE DE LA RECETA

○ APERITIVO ○ PLATO PRINCIPAL ○ POSTRE ○ _____ ○ _____ ○ _____

PORCIONES

TIEMPO DE
PREPARACIÓN

TIEMPO DE COCCIÓN

PREPARACIÓN

INGREDIENTES

NOTAS

NOMBRE DE LA RECETA

○ APERITIVO ○ PLATO PRINCIPAL ○ POSTRE ○ _____ ○ _____ ○ _____

PORCIONES

TIEMPO DE PREPARACIÓN

TIEMPO DE COCCIÓN

PREPARACIÓN

INGREDIENTES

NOTAS

_____

_____

_____

_____

_____

_____

_____

_____

_____

_____

NOMBRE DE LA RECETA

○ APERITIVO ○ PLATO PRINCIPAL ○ POSTRE   ○ _____ ○ _____ ○ _____

PORCIONES   TIEMPO DE   TIEMPO DE COCCIÓN
                          PREPARACIÓN

PREPARACIÓN

INGREDIENTES

36

NOTAS

NOMBRE DE LA RECETA

○ APERITIVO ○ PLATO PRINCIPAL ○ POSTRE   ○ _____ ○ _____ ○ _____

PORCIONES

TIEMPO DE PREPARACIÓN

TIEMPO DE COCCIÓN

PREPARACIÓN

INGREDIENTES

NOTAS

_____ NOMBRE DE LA RECETA _____

○ APERITIVO ○ PLATO PRINCIPAL ○ POSTRE   ○ _____ ○ _____ ○ _____

_____ PORCIONES   _____ TIEMPO DE PREPARACIÓN   _____ TIEMPO DE COCCIÓN

PREPARACIÓN

_____
_____
_____
_____
_____
_____
_____
_____
_____
_____
_____
_____
_____
_____
_____
_____
_____
_____
_____
_____
_____
_____

INGREDIENTES

_____   _____
_____   _____
_____   _____
_____   _____
_____   _____
_____   _____
_____   _____
_____   _____
_____   _____
_____   _____
_____   _____
_____   _____
_____   _____
_____   _____
_____   _____
_____   _____
_____   _____
_____   _____

NOTAS

_____

NOMBRE DE LA RECETA

○ APERITIVO ○ PLATO PRINCIPAL ○ POSTRE ○ _____ ○ _____ ○ _____

PORCIONES

TIEMPO DE
PREPARACIÓN

TIEMPO DE COCCIÓN

PREPARACIÓN

INGREDIENTES

NOTAS

_____

NOMBRE DE LA RECETA

○ APERITIVO ○ PLATO PRINCIPAL ○ POSTRE   ○ _____   ○ _____   ○ _____

PORCIONES

TIEMPO DE PREPARACIÓN

TIEMPO DE COCCIÓN

PREPARACIÓN

INGREDIENTES

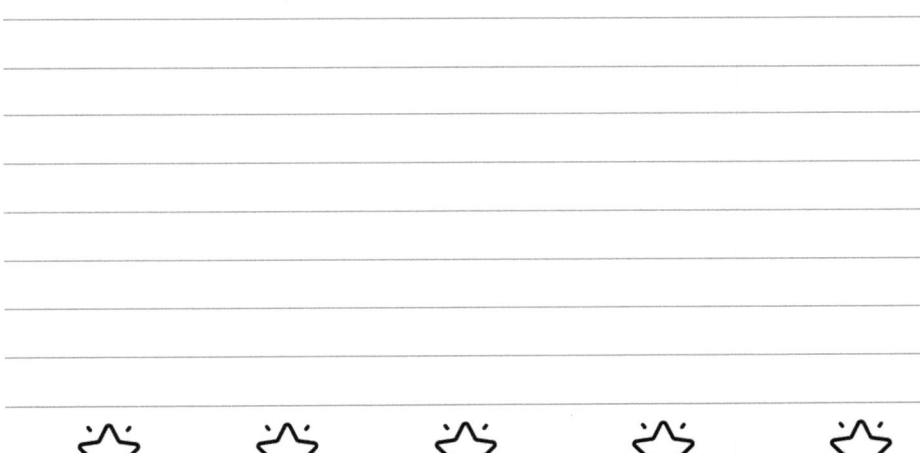

NOTAS

_____

NOMBRE DE LA RECETA

○ APERITIVO ○ PLATO PRINCIPAL ○ POSTRE   ○ _____   ○ _____   ○ _____

PORCIONES   **TIEMPO DE PREPARACIÓN**   **TIEMPO DE COCCIÓN**

PREPARACIÓN

INGREDIENTES

NOTAS

NOMBRE DE LA RECETA

○ APERITIVO ○ PLATO PRINCIPAL ○ POSTRE   ○ _____ ○ _____ ○ _____

PORCIONES

TIEMPO DE PREPARACIÓN

TIEMPO DE COCCIÓN

PREPARACIÓN

INGREDIENTES

NOTAS

NOMBRE DE LA RECETA

○ APERITIVO ○ PLATO PRINCIPAL ○ POSTRE ○ _____ ○ _____ ○ _____

PORCIONES

TIEMPO DE
PREPARACIÓN

TIEMPO DE COCCIÓN

PREPARACIÓN

INGREDIENTES

NOTAS

_____
_____
_____
_____
_____
_____
_____
_____
_____

☆ ☆ ☆ ☆ ☆

_____

NOMBRE DE LA RECETA

○ APERITIVO ○ PLATO PRINCIPAL ○ POSTRE   ○ _____ ○ _____ ○ _____

_____ **PORCIONES**   _____ **TIEMPO DE PREPARACIÓN**   _____ **TIEMPO DE COCCIÓN**

PREPARACIÓN

INGREDIENTES

NOTAS

_____

NOMBRE DE LA RECETA

○ APERITIVO ○ PLATO PRINCIPAL ○ POSTRE ○ _____ ○ _____ ○ _____

PORCIONES

TIEMPO DE
PREPARACIÓN

TIEMPO DE COCCIÓN

PREPARACIÓN

INGREDIENTES

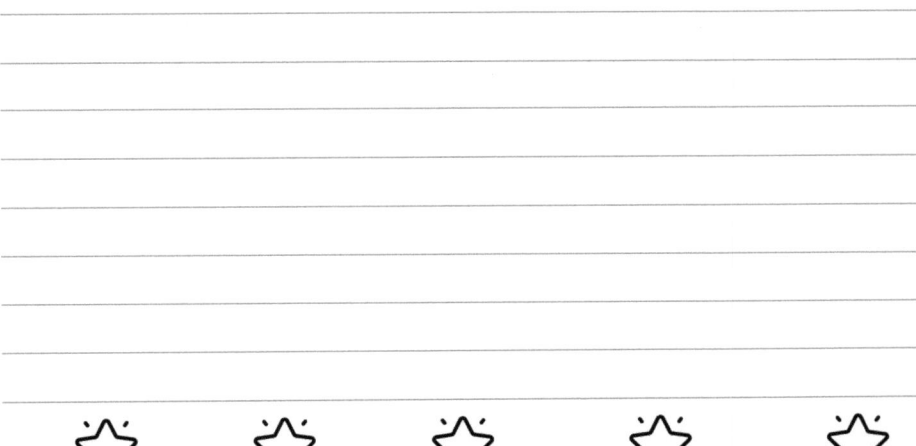

NOTAS

_____
NOMBRE DE LA RECETA

○ APERITIVO ○ PLATO PRINCIPAL ○ POSTRE   ○ _____ ○ _____ ○ _____

_____ **PORCIONES**   _____ **TIEMPO DE PREPARACIÓN**   _____ **TIEMPO DE COCCIÓN**

PREPARACIÓN

INGREDIENTES

NOTAS

NOMBRE DE LA RECETA

○ APERITIVO ○ PLATO PRINCIPAL ○ POSTRE   ○ _____   ○ _____   ○ _____

PORCIONES

TIEMPO DE PREPARACIÓN

TIEMPO DE COCCIÓN

PREPARACIÓN

INGREDIENTES

NOTAS

_____

_____

_____

_____

_____

_____

_____

_____

_____
NOMBRE DE LA RECETA

○ APERITIVO ○ PLATO PRINCIPAL ○ POSTRE   ○ _____ ○ _____   ○ _____

PORCIONES   TIEMPO DE
                     PREPARACIÓN   TIEMPO DE COCCIÓN

PREPARACIÓN

INGREDIENTES

NOTAS

_____
NOMBRE DE LA RECETA

○ APERITIVO ○ PLATO PRINCIPAL ○ POSTRE   ○ _____ ○ _____ ○ _____

PORCIONES   TIEMPO DE   TIEMPO DE COCCIÓN
                   PREPARACIÓN

PREPARACIÓN

_____
_____
_____
_____
_____
_____
_____
_____
_____
_____
_____
_____
_____
_____
_____
_____
_____
_____
_____
_____
_____

INGREDIENTES

_____   _____
_____   _____
_____   _____
_____   _____
_____   _____
_____   _____
_____   _____
_____   _____
_____   _____
_____   _____
_____   _____
_____   _____
_____   _____
_____   _____
_____   _____
_____   _____
_____   _____
_____   _____

NOTAS

NOMBRE DE LA RECETA

○ APERITIVO ○ PLATO PRINCIPAL ○ POSTRE ○ _____ ○ _____ ○ _____

PORCIONES

TIEMPO DE PREPARACIÓN

TIEMPO DE COCCIÓN

PREPARACIÓN

INGREDIENTES

NOTAS

NOMBRE DE LA RECETA

○ APERITIVO ○ PLATO PRINCIPAL ○ POSTRE ○ _____ ○ _____ ○ _____

PORCIONES

TIEMPO DE PREPARACIÓN

TIEMPO DE COCCIÓN

PREPARACIÓN

INGREDIENTES

NOTAS

_____

_____

_____

_____

_____

_____

_____

_____

_____

NOMBRE DE LA RECETA

○ APERITIVO ○ PLATO PRINCIPAL ○ POSTRE ○ _____ ○ _____ ○ _____

_____ PORCIONES

_____ TIEMPO DE PREPARACIÓN

_____ TIEMPO DE COCCIÓN

PREPARACIÓN

_____
_____
_____
_____
_____
_____
_____
_____
_____
_____
_____
_____
_____
_____
_____
_____
_____
_____
_____
_____
_____
_____

INGREDIENTES

_____ _____
_____ _____
_____ _____
_____ _____
_____ _____
_____ _____
_____ _____
_____ _____
_____ _____
_____ _____
_____ _____
_____ _____
_____ _____
_____ _____
_____ _____
_____ _____
_____ _____
_____ _____
_____ _____

NOTAS

NOMBRE DE LA RECETA

○ APERITIVO ○ PLATO PRINCIPAL ○ POSTRE   ○ _____ ○ _____ ○ _____

PORCIONES

TIEMPO DE PREPARACIÓN

TIEMPO DE COCCIÓN

PREPARACIÓN

INGREDIENTES

NOTAS

_____

NOMBRE DE LA RECETA

○ APERITIVO ○ PLATO PRINCIPAL ○ POSTRE ○ _____ ○ _____ ○ _____

PORCIONES   TIEMPO DE PREPARACIÓN   TIEMPO DE COCCIÓN

PREPARACIÓN

INGREDIENTES

NOTAS

NOMBRE DE LA RECETA

○ APERITIVO ○ PLATO PRINCIPAL ○ POSTRE ○ _____ ○ _____ ○ _____

PORCIONES

TIEMPO DE PREPARACIÓN

TIEMPO DE COCCIÓN

PREPARACIÓN

INGREDIENTES

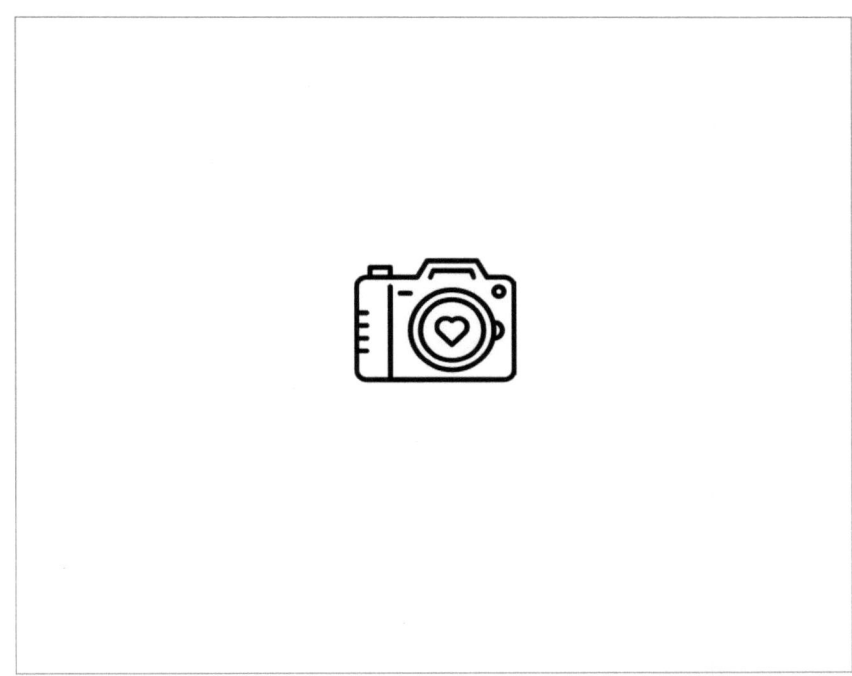

NOTAS

_____

NOMBRE DE LA RECETA

○ APERITIVO ○ PLATO PRINCIPAL ○ POSTRE   ○ _____ ○ _____ ○ _____

PORCIONES   TIEMPO DE
                   PREPARACIÓN   TIEMPO DE COCCIÓN

PREPARACIÓN

INGREDIENTES

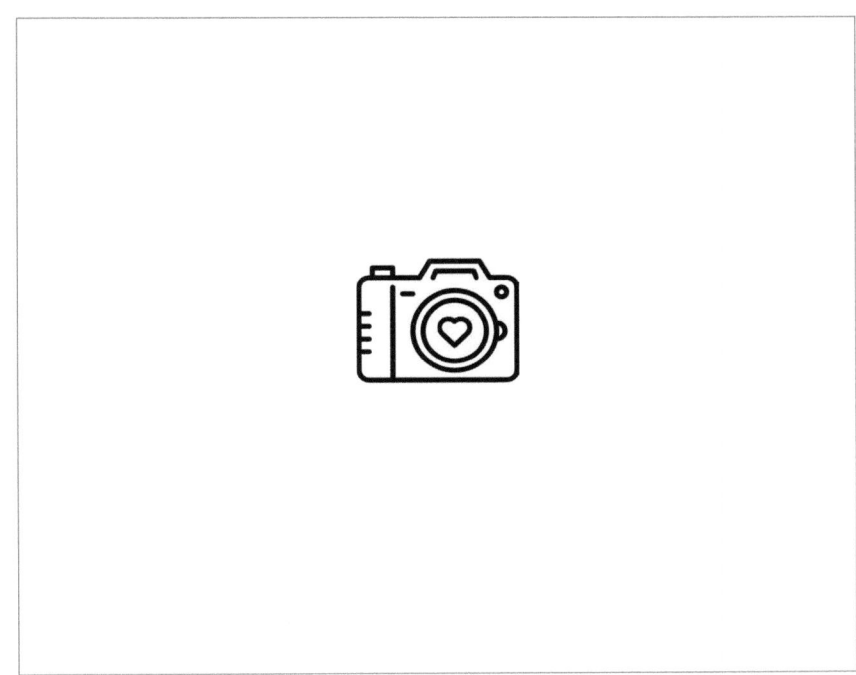

NOTAS

NOMBRE DE LA RECETA

◯ APERITIVO ◯ PLATO PRINCIPAL ◯ POSTRE   ◯ _____ ◯ _____ ◯ _____

PORCIONES   TIEMPO DE
                             PREPARACIÓN   TIEMPO DE COCCIÓN

PREPARACIÓN

INGREDIENTES

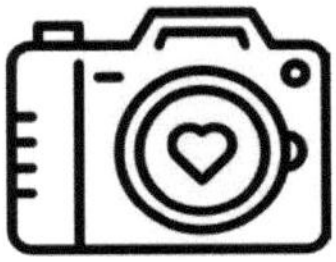

NOTAS

_____

NOMBRE DE LA RECETA

○ APERITIVO ○ PLATO PRINCIPAL ○ POSTRE   ○ _____ ○ _____   ○ _____

PORCIONES

TIEMPO DE
PREPARACIÓN

TIEMPO DE COCCIÓN

PREPARACIÓN

INGREDIENTES

NOTAS

NOMBRE DE LA RECETA

○ APERITIVO ○ PLATO PRINCIPAL ○ POSTRE ○ _____ ○ _____ ○ _____

PORCIONES

TIEMPO DE PREPARACIÓN

TIEMPO DE COCCIÓN

PREPARACIÓN

INGREDIENTES

NOTAS

NOMBRE DE LA RECETA

○ APERITIVO ○ PLATO PRINCIPAL ○ POSTRE ○ _____ ○ _____ ○ _____

PORCIONES

TIEMPO DE PREPARACIÓN

TIEMPO DE COCCIÓN

PREPARACIÓN

INGREDIENTES

NOTAS

NOMBRE DE LA RECETA

○ APERITIVO ○ PLATO PRINCIPAL ○ POSTRE   ○ _____ ○ _____   ○ _____

PORCIONES

TIEMPO DE
PREPARACIÓN

TIEMPO DE COCCIÓN

PREPARACIÓN

INGREDIENTES

NOTAS

NOMBRE DE LA RECETA

○ APERITIVO ○ PLATO PRINCIPAL ○ POSTRE ○ _____ ○ _____ ○ _____

PORCIONES   TIEMPO DE PREPARACIÓN   TIEMPO DE COCCIÓN

PREPARACIÓN

INGREDIENTES

NOTAS

NOMBRE DE LA RECETA

○ APERITIVO ○ PLATO PRINCIPAL ○ POSTRE   ○ _____ ○ _____ ○ _____

PORCIONES

TIEMPO DE
PREPARACIÓN

TIEMPO DE COCCIÓN

PREPARACIÓN

INGREDIENTES

NOTAS

NOMBRE DE LA RECETA

○ APERITIVO ○ PLATO PRINCIPAL ○ POSTRE   ○ _____ ○ _____ ○ _____

PORCIONES   **TIEMPO DE PREPARACIÓN**   **TIEMPO DE COCCIÓN**

PREPARACIÓN

INGREDIENTES

NOTAS

NOMBRE DE LA RECETA

○ APERITIVO ○ PLATO PRINCIPAL ○ POSTRE   ○ _____ ○ _____ ○ _____

PORCIONES

TIEMPO DE
PREPARACIÓN

TIEMPO DE COCCIÓN

PREPARACIÓN

INGREDIENTES

NOTAS

NOMBRE DE LA RECETA

○ APERITIVO ○ PLATO PRINCIPAL ○ POSTRE   ○ _____   ○ _____   ○ _____

PORCIONES

TIEMPO DE
PREPARACIÓN

TIEMPO DE COCCIÓN

PREPARACIÓN

INGREDIENTES

NOTAS

_____

NOMBRE DE LA RECETA

○ APERITIVO ○ PLATO PRINCIPAL ○ POSTRE   ○ _____ ○ _____ ○ _____

PORCIONES

TIEMPO DE
PREPARACIÓN

TIEMPO DE COCCIÓN

PREPARACIÓN

INGREDIENTES

98

NOTAS

NOMBRE DE LA RECETA

○ APERITIVO ○ PLATO PRINCIPAL ○ POSTRE ○ _____ ○ _____ ○ _____

PORCIONES

TIEMPO DE PREPARACIÓN

TIEMPO DE COCCIÓN

PREPARACIÓN

INGREDIENTES

NOTAS

_____

○ APERITIVO ○ PLATO PRINCIPAL ○ POSTRE   ○ _____   ○ _____   ○ _____

PORCIONES

TIEMPO DE
PREPARACIÓN

TIEMPO DE COCCIÓN

PREPARACIÓN

INGREDIENTES

NOTAS

_____
NOMBRE DE LA RECETA

○ APERITIVO ○ PLATO PRINCIPAL ○ POSTRE ○ _____ ○ _____ ○ _____

 PORCIONES

 TIEMPO DE PREPARACIÓN

 TIEMPO DE COCCIÓN

PREPARACIÓN

INGREDIENTES

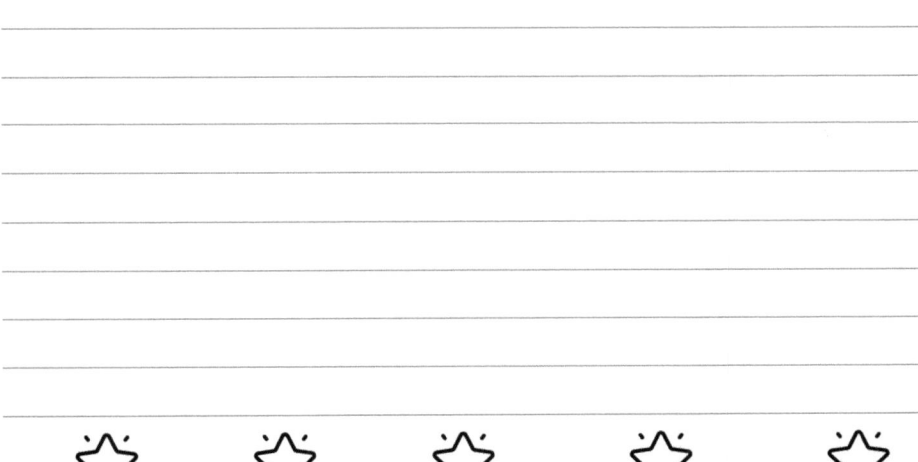

NOTAS

_____

NOMBRE DE LA RECETA

○ APERITIVO ○ PLATO PRINCIPAL ○ POSTRE   ○ _____ ○ _____ ○ _____

PORCIONES

TIEMPO DE PREPARACIÓN

TIEMPO DE COCCIÓN

PREPARACIÓN

INGREDIENTES

NOTAS

Impreso y editado por Books on Demand GmbH
info@bod.com.es - www.bod.com.es
Impreso en Alemania - Printed in Germany
ISBN: 978-8-4132-6039-6

Impressum

Feddback

feedback@mertens-publication.de

1. Auflage
2018 Mertens Verlagsgruppe
Mertens Ventures Ltd.
Tefkrou Anthia No 2 Office 301
6045 Larnaca
Zypern
E-Mail: kontakt@mertens-publication.de